3	My Pale Ale
5	
7	
9	
11	
13	
15	
17	
19	
21	
23	
25	
27	
29	
31	
33	
35	
37	
39	
41	
43	
45	
47	
49	
51	
53	
55	

My Beers

57	
59	
61	
63	
65	
67	
69	
71	
73	
75	
77	
79	
81	
83	
85	
87	
89	
91	
93	
95	
97	
99	
101	

My Pale Ale

Style <u>American Pale Ale</u>

Original Gravity <u>1.052</u>

Final Gravity <u>1.014</u>

Alcohol (ABV) <u>5.4%</u>

Recipe Size <u>3 gallons</u>

Bitterness(IBUs) <u>49</u>

Color (SRM) <u>4.6</u>

Efficiency <u>75%</u>

Ingredients

Amt.	Grain/Extract	Amt. Oz/g	Hops	% AA	Time	IBU
4.5 lbs	2 Row Pale Malt	0.5 oz	Cascade	6.6	60	23.7
1.2 lbs	Vienna Malt	0.3 oz	Cascade	6.6	30	9.1
4 oz	Crystal 60L	0.15 oz	Cascade	6.6	15	23.7
		0.3 oz	Centennial	10	10	3
		0.15 oz	Cascade	6.6	5	1.2

Yeast <u>Nottingham</u>

Cost <u>$12</u>

Boil Time <u>60 minutes</u>

Brewing

Mash Schedule

<u>Mash at 154 F for 60 minutes</u>

Fermentation Schedule

<u>Ferment for 2 weeks, then move</u>
<u>to secondary for 2 more weeks.</u>

Notes

Miscellaneous Notes

164 strike
155 mash

Orange Coriander A PA
Recipe Name

Style _Am. Pale Ale_   Recipe Size _____

Original Gravity _1.038_   Bitterness(IBUs) _____
                  1.010
Final Gravity _1.012_   Color (SRM) _____

Alcohol (ABV) _3.41_   Efficiency _____

Ingredients

Amt. Lbs/kg	Grain/Extract	Amt. Oz/g	Hops	% AA	Time	
3#	Golden Light DME	1 oz	Cascade		60	A
4#	Crystal 20	1 oz	Cascade		10	C
1#	Vienna	1 oz	Cascade		5	
1#	Valley Malt Pale	1 oz	Cascade		1	D
		1 tap	Whirlfloc		15	B
		1 oz	Coriander		10	C
		2 oz	Orange zest		10	C

Yeast _____   Cost _____   Boil Time _____

Brewing

Mash Schedule

_____
_____
_____
_____

Fermentation Schedule

_____
_____
_____
_____

Notes

temp of mash fell to 130 ~ 10 min left, heat back up
leave for 25 min. Very bad job keeping consistent
temp
                              keg on 06/22
Boil Size just under 3 gal
lighty crack coriander

2nd
added 2 oz cone Cascade + zest orange

Miscellaneous Notes

Watermelon Wheat

Recipe Name

Style __Wheat__   Recipe Size _____
Original Gravity __1.050__ 1.018   Bitterness(IBUs) _____
Final Gravity _____   Color (SRM) _____
Alcohol (ABV) _____   Efficiency _____

Ingredients

Amt. Lbs/kg	Grain/Extract	Amt. Oz/g	Hops	% AA	Time
0.5 #	Cara Pils	.25	Perle		60
0.5 #	Belgium Aromatic	.25	Perle		15
1 #	H Honey Malt	.5	Perle		5
7 #	Wheat LME				
2.5 cups	Watermelon Juice				
	(2ndary)				

Yeast __Wyeast 1010__   Cost _____   Boil Time __60__

Brewing

Mash Schedule
45 min @ 160

Fermentation Schedule

Notes

Darker than I would have thoug4d (to start)

Miscellaneous Notes

Recipe Name

Style _____

Original Gravity _____

Final Gravity _____

Alcohol (ABV) _____

Recipe Size _____

Bitterness(IBUs) _____

Color (SRM) _____

Efficiency _____

Ingredients

Amt. Lbs/kg	Grain/Extract	Amt. Oz/g	Hops	% AA	Time

Yeast _____ Cost _____ Boil Time _____

Brewing

Mash Schedule

_____
_____
_____
_____

Fermentation Schedule

_____
_____
_____
_____

Notes

Miscellaneous Notes

Recipe Name

Style _____

Original Gravity _____

Final Gravity _____

Alcohol (ABV) _____

Recipe Size _____

Bitterness(IBUs) _____

Color (SRM) _____

Efficiency _____

Ingredients

Amt. Lbs/kg	Grain/Extract	Amt. Oz/g	Hops	% AA	Time

Yeast _____   Cost _____   Boil Time _____

Brewing

Mash Schedule

_____
_____
_____
_____

Fermentation Schedule

_____
_____
_____
_____

Notes

Miscellaneous Notes

Recipe Name

Style _____

Recipe Size _____

Original Gravity _____

Bitterness(IBUs) _____

Final Gravity _____

Color (SRM) _____

Alcohol (ABV) _____

Efficiency _____

Ingredients

Amt. Lbs/kg	Grain/Extract	Amt. Oz/g	Hops	% AA	Time

Yeast _____   Cost _____   Boil Time _____

Brewing

Mash Schedule

_____
_____
_____
_____

Fermentation Schedule

_____
_____
_____
_____

Notes

Miscellaneous Notes

Recipe Name

Style _____ Recipe Size _____

Original Gravity _____ Bitterness(IBUs) _____

Final Gravity _____ Color (SRM) _____

Alcohol (ABV) _____ Efficiency _____

Ingredients

Amt. Lbs/kg	Grain/Extract	Amt. Oz/g	Hops	% AA	Time

Yeast _____ Cost _____ Boil Time _____

Brewing

Mash Schedule

_____
_____
_____
_____

Fermentation Schedule

_____
_____
_____
_____

Notes

Miscellaneous Notes

Recipe Name

Style _____   Recipe Size _____

Original Gravity _____   Bitterness(IBUs) _____

Final Gravity _____   Color (SRM) _____

Alcohol (ABV) _____   Efficiency _____

Ingredients

Amt. Lbs/kg	Grain/Extract	Amt. Oz/g	Hops	% AA	Time

Yeast _____   Cost _____   Boil Time _____

Brewing

Mash Schedule

_____
_____
_____
_____

Fermentation Schedule

_____
_____
_____
_____

Notes

Miscellaneous Notes

Recipe Name

Style _____   Recipe Size _____

Original Gravity _____   Bitterness(IBUs) _____

Final Gravity _____   Color (SRM) _____

Alcohol (ABV) _____   Efficiency _____

Ingredients

Amt. Lbs/kg	Grain/Extract	Amt. Oz/g	Hops	% AA	Time

Yeast _____   Cost _____   Boil Time _____

Brewing

Mash Schedule   Fermentation Schedule

_____   _____

_____   _____

_____   _____

_____   _____

Notes

Miscellaneous Notes

Recipe Name

Style _____   Recipe Size _____

Original Gravity _____   Bitterness(IBUs) _____

Final Gravity _____   Color (SRM) _____

Alcohol (ABV) _____   Efficiency _____

Ingredients

Amt. Lbs/kg	Grain/Extract	Amt. Oz/g	Hops	% AA	Time

Yeast _____   Cost _____   Boil Time _____

Brewing

Mash Schedule   Fermentation Schedule

_____   _____

_____   _____

_____   _____

_____   _____

Notes

Miscellaneous Notes

Recipe Name

Style _____   Recipe Size _____

Original Gravity _____   Bitterness(IBUs) _____

Final Gravity _____   Color (SRM) _____

Alcohol (ABV) _____   Efficiency _____

Ingredients

Amt. Lbs/kg	Grain/Extract	Amt. Oz/g	Hops	% AA	Time

Yeast _____   Cost _____   Boil Time _____

Brewing

Mash Schedule   Fermentation Schedule

_____   _____
_____   _____
_____   _____
_____   _____

Notes

Miscellaneous Notes

Recipe Name

Style _____   Recipe Size _____

Original Gravity _____   Bitterness(IBUs) _____

Final Gravity _____   Color (SRM) _____

Alcohol (ABV) _____   Efficiency _____

Ingredients

Amt. Lbs/kg	Grain/Extract	Amt. Oz/g	Hops	% AA	Time

Yeast _____   Cost _____   Boil Time _____

Brewing

Mash Schedule

_____
_____
_____
_____

Fermentation Schedule

_____
_____
_____
_____

Notes

Miscellaneous Notes

_____

Recipe Name

Style _____   Recipe Size _____

Original Gravity _____   Bitterness(IBUs) _____

Final Gravity _____   Color (SRM) _____

Alcohol (ABV) _____   Efficiency _____

Ingredients

Amt. Lbs/kg	Grain/Extract		Amt. Oz/g	Hops		% AA	Time

Yeast _____   Cost _____   Boil Time _____

Brewing

Mash Schedule   Fermentation Schedule

_____   _____

_____   _____

_____   _____

_____   _____

Notes

Miscellaneous Notes

Recipe Name

Style _____   Recipe Size _____

Original Gravity _____   Bitterness(IBUs) _____

Final Gravity _____   Color (SRM) _____

Alcohol (ABV) _____   Efficiency _____

Ingredients

Amt. Lbs/kg	Grain/Extract		Amt. Oz/g	Hops	% AA	Time

Yeast _____   Cost _____   Boil Time _____

Brewing

Mash Schedule   Fermentation Schedule

_____   _____
_____   _____
_____   _____
_____   _____

Notes

Miscellaneous Notes

Recipe Name

Style _____ Recipe Size _____

Original Gravity _____ Bitterness(IBUs) _____

Final Gravity _____ Color (SRM) _____

Alcohol (ABV) _____ Efficiency _____

Ingredients

Amt. Lbs/kg	Grain/Extract	Amt. Oz/g	Hops	% AA	Time

Yeast _____ Cost _____ Boil Time _____

Brewing

Mash Schedule

_____
_____
_____
_____

Fermentation Schedule

_____
_____
_____
_____

Notes

Miscellaneous Notes

Recipe Name

Style _____   Recipe Size _____

Original Gravity _____   Bitterness(IBUs) _____

Final Gravity _____   Color (SRM) _____

Alcohol (ABV) _____   Efficiency _____

Ingredients

Amt. Lbs/kg	Grain/Extract	Amt. Oz/g	Hops	% AA	Time

Yeast _____   Cost _____ Boil Time _____

Brewing

Mash Schedule

_____
_____
_____
_____

Fermentation Schedule

_____
_____
_____
_____

Notes

Miscellaneous Notes

Recipe Name

Style _____   Recipe Size _____

Original Gravity _____   Bitterness(IBUs) _____

Final Gravity _____   Color (SRM) _____

Alcohol (ABV) _____   Efficiency _____

Ingredients

Amt. Lbs/kg	Grain/Extract	Amt. Oz/g	Hops	% AA	Time

Yeast _____   Cost _____   Boil Time _____

Brewing

Mash Schedule

_____
_____
_____
_____

Fermentation Schedule

_____
_____
_____
_____

Notes

Miscellaneous Notes

Recipe Name

Style _____   Recipe Size _____

Original Gravity _____   Bitterness(IBUs) _____

Final Gravity _____   Color (SRM) _____

Alcohol (ABV) _____   Efficiency _____

Ingredients

Amt. Lbs/kg	Grain/Extract		Amt. Oz/g	Hops		% AA	Time

Yeast _____   Cost _____   Boil Time _____

Brewing

Mash Schedule

_____
_____
_____
_____

Fermentation Schedule

_____
_____
_____
_____

Notes

Miscellaneous Notes

Recipe Name

Style _____

Recipe Size _____

Original Gravity _____

Bitterness(IBUs) _____

Final Gravity _____

Color (SRM) _____

Alcohol (ABV) _____

Efficiency _____

Ingredients

Amt. Lbs/kg	Grain/Extract	Amt. Oz/g	Hops	% AA	Time

Yeast _____

Cost _____

Boil Time _____

Brewing

Mash Schedule

_____

_____

_____

_____

Fermentation Schedule

_____

_____

_____

_____

Notes

Miscellaneous Notes

Recipe Name

Style _____   Recipe Size _____

Original Gravity _____   Bitterness(IBUs) _____

Final Gravity _____   Color (SRM) _____

Alcohol (ABV) _____   Efficiency _____

Ingredients

Amt. Lbs/kg	Grain/Extract		Amt. Oz/g	Hops	% AA	Time

Yeast _____   Cost _____ Boil Time _____

Brewing

Mash Schedule   Fermentation Schedule

_____   _____

_____   _____

_____   _____

_____   _____

Notes

Miscellaneous Notes

Recipe Name

Style _____   Recipe Size _____

Original Gravity _____   Bitterness(IBUs) _____

Final Gravity _____   Color (SRM) _____

Alcohol (ABV) _____   Efficiency _____

Ingredients

Amt. Lbs/kg	Grain/Extract	Amt. Oz/g	Hops	% AA	Time

Yeast _____   Cost _____   Boil Time _____

Brewing

Mash Schedule

_____
_____
_____
_____

Fermentation Schedule

_____
_____
_____
_____

Notes

Miscellaneous Notes

Recipe Name

Style _____   Recipe Size _____

Original Gravity _____   Bitterness(IBUs) _____

Final Gravity _____   Color (SRM) _____

Alcohol (ABV) _____   Efficiency _____

Ingredients

Amt. Lbs/kg	Grain/Extract	Amt. Oz/g	Hops	% AA	Time

Yeast _____   Cost _____   Boil Time _____

Brewing

Mash Schedule

_____
_____
_____
_____

Fermentation Schedule

_____
_____
_____
_____

Notes

Miscellaneous Notes

Recipe Name

Style _____

Original Gravity _____

Final Gravity _____

Alcohol (ABV) _____

Recipe Size _____

Bitterness(IBUs) _____

Color (SRM) _____

Efficiency _____

Ingredients

Amt. Lbs/kg	Grain/Extract		Amt. Oz/g	Hops	% AA	Time

Yeast _____   Cost _____   Boil Time _____

Brewing

Mash Schedule

_____

_____

_____

_____

Fermentation Schedule

_____

_____

_____

_____

Notes

Miscellaneous Notes

Recipe Name

Style _____

Original Gravity _____

Final Gravity _____

Alcohol (ABV) _____

Recipe Size _____

Bitterness(IBUs) _____

Color (SRM) _____

Efficiency _____

Ingredients

Amt. Lbs/kg	Grain/Extract		Amt. Oz/g	Hops		% AA	Time

Yeast _____   Cost _____   Boil Time _____

Brewing

Mash Schedule

_____
_____
_____
_____

Fermentation Schedule

_____
_____
_____
_____

Notes

Miscellaneous Notes

Recipe Name

Style _____   Recipe Size _____

Original Gravity _____   Bitterness(IBUs) _____

Final Gravity _____   Color (SRM) _____

Alcohol (ABV) _____   Efficiency _____

Ingredients

Amt. Lbs/kg	Grain/Extract		Amt. Oz/g	Hops	% AA	Time

Yeast _____   Cost _____   Boil Time _____

Brewing

Mash Schedule   Fermentation Schedule

_____   _____
_____   _____
_____   _____
_____   _____

Notes

Miscellaneous Notes

Recipe Name

Style _____ Recipe Size _____

Original Gravity _____ Bitterness(IBUs) _____

Final Gravity _____ Color (SRM) _____

Alcohol (ABV) _____ Efficiency _____

Ingredients

Amt. Lbs/kg	Grain/Extract	Amt. Oz/g	Hops	% AA	Time

Yeast _____ Cost _____ Boil Time _____

Brewing

Mash Schedule

_____

_____

_____

_____

Fermentation Schedule

_____

_____

_____

_____

Notes

Miscellaneous Notes

Recipe Name

Style _____ Recipe Size _____

Original Gravity _____ Bitterness(IBUs) _____

Final Gravity _____ Color (SRM) _____

Alcohol (ABV) _____ Efficiency _____

Ingredients

Amt. Lbs/kg	Grain/Extract		Amt. Oz/g	Hops		% AA	Time

Yeast _____ Cost _____ Boil Time _____

Brewing

Mash Schedule

_____

_____

_____

_____

Fermentation Schedule

_____

_____

_____

_____

Notes

Miscellaneous Notes

Recipe Name

Style _____   Recipe Size _____

Original Gravity _____   Bitterness(IBUs) _____

Final Gravity _____   Color (SRM) _____

Alcohol (ABV) _____   Efficiency _____

Ingredients

Amt. Lbs/kg	Grain/Extract	Amt. Oz/g	Hops	% AA	Time

Yeast _____   Cost _____   Boil Time _____

Brewing

Mash Schedule   Fermentation Schedule

_____   _____

_____   _____

_____   _____

_____   _____

Notes

Miscellaneous Notes

Style _____   Recipe Size _____

Original Gravity _____   Bitterness(IBUs) _____

Final Gravity _____   Color (SRM) _____

Alcohol (ABV) _____   Efficiency _____

Ingredients

Amt. Lbs/kg	Grain/Extract		Amt. Oz/g	Hops	% AA	Time

Yeast _____   Cost _____ Boil Time _____

Brewing

Mash Schedule   Fermentation Schedule

_____   _____
_____   _____
_____   _____
_____   _____

Notes

Miscellaneous Notes

Recipe Name

Style _____   Recipe Size _____

Original Gravity _____   Bitterness(IBUs) _____

Final Gravity _____   Color (SRM) _____

Alcohol (ABV) _____   Efficiency _____

Ingredients

Amt. Lbs/kg	Grain/Extract	Amt. Oz/g	Hops	% AA	Time

Yeast _____   Cost _____ Boil Time _____

Brewing

Mash Schedule   Fermentation Schedule

_____   _____
_____   _____
_____   _____
_____   _____

Notes

Miscellaneous Notes

Recipe Name

Style _____   Recipe Size _____

Original Gravity _____   Bitterness(IBUs) _____

Final Gravity _____   Color (SRM) _____

Alcohol (ABV) _____   Efficiency _____

Ingredients

Amt. Lbs/kg	Grain/Extract	Amt. Oz/g	Hops	% AA	Time

Yeast _____   Cost _____   Boil Time _____

Brewing

Mash Schedule

_____

_____

_____

_____

Fermentation Schedule

_____

_____

_____

_____

Notes

Miscellaneous Notes

Recipe Name

Style _____   Recipe Size _____

Original Gravity _____   Bitterness(IBUs) _____

Final Gravity _____   Color (SRM) _____

Alcohol (ABV) _____   Efficiency _____

Ingredients

Amt. Lbs/kg	Grain/Extract		Amt. Oz/g	Hops	% AA	Time

Yeast _____   Cost _____ Boil Time _____

Brewing

Mash Schedule   Fermentation Schedule

_____   _____

_____   _____

_____   _____

_____   _____

Notes

Miscellaneous Notes

Recipe Name

Style _____   Recipe Size _____

Original Gravity _____   Bitterness(IBUs) _____

Final Gravity _____   Color (SRM) _____

Alcohol (ABV) _____   Efficiency _____

Ingredients

Amt. Lbs/kg	Grain/Extract	Amt. Oz/g	Hops	% AA	Time

Yeast _____   Cost _____ Boil Time _____

Brewing

Mash Schedule   Fermentation Schedule

_____   _____
_____   _____
_____   _____
_____   _____

Notes

Miscellaneous Notes

Recipe Name

Style _____

Original Gravity _____

Final Gravity _____

Alcohol (ABV) _____

Recipe Size _____

Bitterness(IBUs) _____

Color (SRM) _____

Efficiency _____

Ingredients

Amt. Lbs/kg	Grain/Extract	Amt. Oz/g	Hops	% AA	Time

Yeast _____   Cost _____   Boil Time _____

Brewing

Mash Schedule

_____
_____
_____
_____

Fermentation Schedule

_____
_____
_____
_____

Notes

Miscellaneous Notes

Recipe Name

Style _____

Original Gravity _____

Final Gravity _____

Alcohol (ABV) _____

Recipe Size _____

Bitterness(IBUs) _____

Color (SRM) _____

Efficiency _____

Ingredients

Amt. Lbs/kg	Grain/Extract	Amt. Oz/g	Hops	% AA	Time

Yeast _____   Cost _____   Boil Time _____

Brewing

Mash Schedule

_____
_____
_____
_____

Fermentation Schedule

_____
_____
_____
_____

Notes

Miscellaneous Notes

Recipe Name

Style _____

Original Gravity _____

Final Gravity _____

Alcohol (ABV) _____

Recipe Size _____

Bitterness(IBUs) _____

Color (SRM) _____

Efficiency _____

Ingredients

Amt. Lbs/kg	Grain/Extract	Amt. Oz/g	Hops	% AA	Time

Yeast _____   Cost _____   Boil Time _____

Brewing

Mash Schedule

_____
_____
_____
_____

Fermentation Schedule

_____
_____
_____
_____

Notes

Miscellaneous Notes

Recipe Name

Style _____   Recipe Size _____

Original Gravity _____   Bitterness(IBUs) _____

Final Gravity _____   Color (SRM) _____

Alcohol (ABV) _____   Efficiency _____

Ingredients

Amt. Lbs/kg	Grain/Extract	Amt. Oz/g	Hops	% AA	Time

Yeast _____   Cost _____   Boil Time _____

Brewing

Mash Schedule   Fermentation Schedule

_____   _____

_____   _____

_____   _____

_____   _____

Notes

Miscellaneous Notes

Recipe Name

Style _____

Original Gravity _____

Final Gravity _____

Alcohol (ABV) _____

Recipe Size _____

Bitterness(IBUs) _____

Color (SRM) _____

Efficiency _____

Ingredients

Amt. Lbs/kg	Grain/Extract	Amt. Oz/g	Hops	% AA	Time

Yeast _____

Cost _____   Boil Time _____

Brewing

Mash Schedule

_____
_____
_____
_____

Fermentation Schedule

_____
_____
_____
_____

Notes

Miscellaneous Notes

Recipe Name

Style _____   Recipe Size _____

Original Gravity _____   Bitterness(IBUs) _____

Final Gravity _____   Color (SRM) _____

Alcohol (ABV) _____   Efficiency _____

Ingredients

Amt. Lbs/kg	Grain/Extract	Amt. Oz/g	Hops	% AA	Time

Yeast _____   Cost _____   Boil Time _____

Brewing

Mash Schedule

_____
_____
_____
_____

Fermentation Schedule

_____
_____
_____
_____

Notes

Miscellaneous Notes

Recipe Name

Style _____

Original Gravity _____

Final Gravity _____

Alcohol (ABV) _____

Recipe Size _____

Bitterness(IBUs) _____

Color (SRM) _____

Efficiency _____

Ingredients

Amt. Lbs/kg	Grain/Extract		Amt. Oz/g	Hops	% AA	Time

Yeast _____   Cost _____   Boil Time _____

Brewing

Mash Schedule

_____
_____
_____
_____

Fermentation Schedule

_____
_____
_____
_____

Notes

Miscellaneous Notes

Recipe Name

Style _____   Recipe Size _____

Original Gravity _____   Bitterness(IBUs) _____

Final Gravity _____   Color (SRM) _____

Alcohol (ABV) _____   Efficiency _____

Ingredients

Amt. Lbs/kg	Grain/Extract	Amt. Oz/g	Hops	% AA	Time

Yeast _____   Cost _____   Boil Time _____

Brewing

Mash Schedule   Fermentation Schedule

_____   _____
_____   _____
_____   _____
_____   _____

Notes

Miscellaneous Notes

Style _____   Recipe Size _____

Original Gravity _____   Bitterness(IBUs) _____

Final Gravity _____   Color (SRM) _____

Alcohol (ABV) _____   Efficiency _____

Ingredients

Amt. Lbs/kg	Grain/Extract	Amt. Oz/g	Hops	% AA	Time

Yeast _____   Cost _____   Boil Time _____

Brewing

Mash Schedule

_____
_____
_____
_____

Fermentation Schedule

_____
_____
_____
_____

Notes

Miscellaneous Notes

Recipe Name

Style _____   Recipe Size _____

Original Gravity _____   Bitterness(IBUs) _____

Final Gravity _____   Color (SRM) _____

Alcohol (ABV) _____   Efficiency _____

Ingredients

Amt. Lbs/kg	Grain/Extract	Amt. Oz/g	Hops	% AA	Time

Yeast _____   Cost _____ Boil Time _____

Brewing

Mash Schedule   Fermentation Schedule

_____   _____

_____   _____

_____   _____

_____   _____

Notes

Miscellaneous Notes

Style _____   Recipe Size _____

Original Gravity _____   Bitterness(IBUs) _____

Final Gravity _____   Color (SRM) _____

Alcohol (ABV) _____   Efficiency _____

Ingredients

Amt. Lbs/kg	Grain/Extract		Amt. Oz/g	Hops		% AA	Time

Yeast _____   Cost _____   Boil Time _____

Brewing

Mash Schedule   Fermentation Schedule

_____   _____
_____   _____
_____   _____
_____   _____

Notes

Miscellaneous Notes

Recipe Name

Style _____   Recipe Size _____

Original Gravity _____   Bitterness(IBUs) _____

Final Gravity _____   Color (SRM) _____

Alcohol (ABV) _____   Efficiency _____

Ingredients

Amt. Lbs/kg	Grain/Extract	Amt. Oz/g	Hops	% AA	Time

Yeast _____   Cost _____   Boil Time _____

Brewing

Mash Schedule

_____
_____
_____
_____

Fermentation Schedule

_____
_____
_____
_____

Notes

Miscellaneous Notes

Recipe Name

Style _____   Recipe Size _____

Original Gravity _____   Bitterness(IBUs) _____

Final Gravity _____   Color (SRM) _____

Alcohol (ABV) _____   Efficiency _____

Ingredients

Amt. Lbs/kg	Grain/Extract	Amt. Oz/g	Hops	% AA	Time

Yeast _____   Cost _____   Boil Time _____

Brewing

Mash Schedule   Fermentation Schedule

_____   _____

_____   _____

_____   _____

_____   _____

Notes

Miscellaneous Notes

Recipe Name

Style _____   Recipe Size _____

Original Gravity _____   Bitterness(IBUs) _____

Final Gravity _____   Color (SRM) _____

Alcohol (ABV) _____   Efficiency _____

Ingredients

Amt. Lbs/kg	Grain/Extract	Amt. Oz/g	Hops	% AA	Time

Yeast _____   Cost _____ Boil Time _____

Brewing

Mash Schedule   Fermentation Schedule

_____   _____
_____   _____
_____   _____
_____   _____

Notes

Miscellaneous Notes

Recipe Name

Style _____   Recipe Size _____

Original Gravity _____   Bitterness(IBUs) _____

Final Gravity _____   Color (SRM) _____

Alcohol (ABV) _____   Efficiency _____

Ingredients

Amt. Lbs/kg	Grain/Extract	Amt. Oz/g	Hops	% AA	Time

Yeast _____   Cost _____ Boil Time _____

Brewing

Mash Schedule   Fermentation Schedule

_____   _____

_____   _____

_____   _____

_____   _____

Notes

Miscellaneous Notes

Recipe Name

Style _____ Recipe Size _____

Original Gravity _____ Bitterness(IBUs) _____

Final Gravity _____ Color (SRM) _____

Alcohol (ABV) _____ Efficiency _____

Ingredients

Amt. Lbs/kg	Grain/Extract	Amt. Oz/g	Hops	% AA	Time

Yeast _____ Cost _____ Boil Time _____

Brewing

Mash Schedule Fermentation Schedule

_____ _____

_____ _____

_____ _____

_____ _____

Notes

Miscellaneous Notes

Recipe Name

Style _____   Recipe Size _____

Original Gravity _____   Bitterness(IBUs) _____

Final Gravity _____   Color (SRM) _____

Alcohol (ABV) _____   Efficiency _____

Ingredients

Amt. Lbs/kg	Grain/Extract	Amt. Oz/g	Hops	% AA	Time

Yeast _____   Cost _____ Boil Time _____

Brewing

Mash Schedule   Fermentation Schedule

_____   _____

_____   _____

_____   _____

_____   _____

Notes

Miscellaneous Notes

Made in the USA
Lexington, KY
14 May 2014